국화는 뜨겁다

정홍순 시집

시인동네 시인선 207

정홍순 시집

국화는 뜨겁다

시인동네

시인의 말

한 권을 빼내면 재빠르게
서로 기대어
말없이 세워주는 책처럼
넘어지다 서게 해주는
그런 사이

울림으로 사는
당신과 걷고 싶은 길에서

2023년 6월
정홍순

차례

제2부

제3부

제4부

제1부

공생

게고둥이 집을 끌고 가다
다른 게에게 내주면
생의 순례는 아름다운 것이라서
가끔은 다투기도 하였다

빈껍데기일망정
생을 부추길 수 있는 날

내가 살아
난처해하는 것은
너의 생에 연루되었기 때문이다

하나님 뜻이라니요

난 항상 구름에 모가지 길게 빼고 서서
멀리 산을 보고 싶어 했습니다
허리 구부리고 가까이 보아도
질문은 충분히 할 수 있는데
저 돼지들은 언제 조각조각 해체되는지
합격도장 받은 껍데기
반 근에 반 근도 얻을 수 있는지
입술의 재난에 우리는 덮어집니다
한때는 내 탓이오
딱따구리처럼 용서 살렸는데
뻐꾸기 울어 적시는 산(山)에
새 신탁이 내렸습니까
하나님 뜻이라니요
원망 돌리며 합리주의 팔아먹는 역사는
운명의 도살장으로 내모는 민주의의는
절망하게 하는 나라는 없습니다
아이티 선지자의 소명 언제였습니까
변신로봇 같은 망할 놈의 입술

언제 봉헌했습니까
발바닥에 붙어 하는 말
뒤통수에 붙어 하는 말
똥구멍에 끼어 하는 말
하나님 뜻이라니요
귀신 다 풀어
자잘한 나부랭이들은 걷어치우고
허방 모가지
오랏줄 걸 만한 놈 없습니까
악어 낚을 수 있겠느냐고요
우리는 용서하는 욥이 아닐는지요
허면 피의 밭에 뉘 주둥아리 묻어야겠습니까

---

*어느 총리 후보자의 하나님 뜻에 반하여 쓰다.

밤송이와 메뚜기

늦가을 가지 끝에 달린 쭈그렁 밤송이가
애처로워
과거 비웃던 자신을 나무라던 선생은
삼 년쯤 땅에 떨어지지 않았을지도 모른다는
밤나무 풀어보며
알이란 더러는 저러기도 하는 수가 있지
산고랑 물 흐르듯 깨쳐 들은 소리
받아들고 얼마 가다
밑구멍으로 구덩이 파던 메뚜기 보았노라 하였다
누가 밟고 지나갔는지
처참한 몰골은 느닷없이 당한 날벼락에
엮을 말이 없었으니
선생은 황망히 쳐다만 보다
팔다리 다 부러지고
몸뚱이마저 너덜거리며
밑구멍만은 흙을 헤치느라
들먹들먹 움직거리던
눈 부릅뜨고 본 저 명령이 생명 아니고

뭐냐
지독한 명령이구나 싶어
몇 번이나 탄복했노라 했다

---

*함석헌 선생의 이야기다.

침향

낡은 잠바 걸쳐 입다가 코에 익숙한
냄새 안 것은
내가 나를 맡고서다

늙을수록 잘 씻어야 한다고 주문 건
막내 지적대로 구석구석
나도 떴기 때문이다
문풍지 속에서 핀 메주꽃
코 박고 잘 떴다 할 사람 있겠지만

밤새 날 태워
넘어질 사람 어디 있을까
모깃불 향나무 독에 떨어져 죽은 제비 새끼
다시 돌아올 꽃이 피었다

민들레가 피었다
하얗게 벚꽃이 날고 있다
참꽃, 제비들이 향기 맡으며 돌아와

내 사는 낡은 처마에 흙 붙여주면
젖내 나는 손자 업고
육신꽃

벽에 걸어두고 빌 테다
아가야
너는 참말로
더러운 꽃으론 피지도 말거라
육신은 가라앉더라도 향은 떠서, 떠서
높으신 하느님께 바쳐지어라

낫치기

낫 던져 잘 박힌 놈이 이기는 거다

무덤 깔고 앉아
낫치기 하던 땐 해 지는 줄 몰랐다

간신 풀 모가지
단박에 베고 나가떨어진 자리에
금세 수크령포기 새파랗게 올라
산골 가신 되는 것쯤은
그때나
지금이나 알 만하다

낫 멀리 잘 박힌 놈이 이기는 거다

신록의 뼈

나뭇잎과 꽃무늬 빼곡하게 새겼다
촉촉한 문신이다
팽팽하게 부어오른 오월
온통 멍이 들었다
해가 비슬비슬 창가에 섰다
따-악 따-악
신록의 뼈 흔들리기 시작한 날

푸른 물 배도록 스승 울고 가셨다

당신의 소지

밤알 깎아 물에 담가놓을 때마다
당신의 무릎 앞에서 졸았습니다
다시 밤칼 앞에서
두터운 눈썹
깨끗이 밀고 싶었습니다
낮에 같이 놀던 강아지
코 고는 자정
날과 날 틈타 오시는지
촛불 파르르 춤추던 순간을
당신은 단풍 태우며
가을 따라 가셨고
어머닌 산다화 사르며 갔습니다
소멸하려던 밤
아주 작은 지성으로 두었다
벌겋게 해 태워 올리는 밤꽃마을
울음 한 가지 돋아
페르몬 냄새 가득 피고 있습니다
기다리겠습니다

당신 슬하에 떨어지는
밤과 밤

석구가 그런다

낙안읍성 갈 때마다 돌다리 앞에서
석구(石狗) 만난다, 오늘도
오봉산과 제석산 세워두고
꼬리 치켜세운 채
볼기짝 빨개지도록 용쓰며 앉아 있는
삽사리 만났는데
오봉산 아래 떼죽음한 원귀쯤은
신칙도 않는다, 바람 타고
배꽃 펄펄 떨어지는 봄
물어 자치는 통에
낮달이 부옇게 떠 있다
해자 건너
지독하게 또 하루 묻어가고 있는
삽사리 앞으로
아내 끌어다 세운 나는
바람이 소리 일으키며 가는 것을
상처라고 말해버렸다
아뿔싸

제석산 쉿소리 속으로
구슬프게 걸어가는 여자
물어뜯은 알가슴이 붉게 피어오르자
석구가 그런다, 빙신

정월 대보름날

갈 길은 다채롭고 까다롭다
살아봤다는 것 때문에 만만한 길
늘 떠 있다

지워지지 않고 기억되는
대부분 아쉽다는 말

다른 방법으로 해결되지 않을까
꽃바람 빗고 있는 매화 가지
유심히 지켜본다

기러기 떼 번쩍 들고 서서
끼룩끼룩
꽃망울 달아놓는다

참담한 아침
숟가락 물고 오열하는 아내가
삶은 쌀 몇 알도 삼키지 못하고

차갑게 울어댄다
허리보다 먼저 휘어지는
이순(耳順)

내 살아온 길에 구역질이 난다
비굴하다
분노하라
부러뜨려라 아내여

부러진 가지 끝에 당도한 꽃
밤이 서서히 내린다
달 밝히고
아내의 눈물 밟는 소리 들린다

손수건

손수건에서 찻삯이 나왔다
가락지가 나왔다
주정헌금이 나왔다
책값이 나왔다
사탕이 나왔다
치매약이 나왔다 그러다
어머닌
요양병원에서 다 털어냈다

도화돔

밥 안 먹고도 크는 것은 나무뿐이다
살겠다고 울어대는 어린것에게
생쌀 씹어 입으로 키운
구중부화 여인

그랬다, 입으로 놈을 키웠다
제 입으로 벌 때까지
절식의 숨 참아가며
놈 하나 키워놓은 여인이 보고 싶다

비둘기호

순천역 광장 대국은 다시 볼 수 없다
비둘기호가 퇴역하고
국화도 날아갔다
침몰한 바다에서 밀려온 리본
광장이 노랗게 피었다

기차에 실어보자
개찰구 나서며
뒤돌아보지 않을 자신 없지만
우리 부려놓고 떠난 기차 타고
동행할 수 있다
오징어 땅콩 사이다 흔들리는 나발로
입석해서 떠날 수 있다

광장에서
한 번에 마음 다 열지 말 일
특히 노란 대국은
내가 그랬다

우릴 기다려 무수히 연착도 했겠으나
매장되는 기억
꽃은 꽃으로 다시 살아나지만
흘러가는 것들은 종착에서
기적을 놓는다

마지막 비둘기호가 누린
꽃은 생을 엮어놓는 마법의 수가 있다
내게 그랬다

오존경보

영악한 사람들 구석에 끼여
여태껏 한 일이 무엇인가
나는 바보다
눈치 없는 숙맥 그런 정도가
내 상식이라는 것밖에는
부모는 둘도 없는 줄 알았지만
당신의 종자였기에
거두고 봐주었을 뿐이다
개별 한 심사가 뭐 있을까
사람 같은 놈 더러운 놈 되지 말라 한
무학(無學)의 도(道) 가르침 하나는 분명하다
오늘도 실시간 전광판에 붙은 허용기준치
복용법 무시하고 종합감기약처럼 먹은
양심이 사르르 녹아내린다
공존지대
한 권의 책으로써 엮은 예전의 임무를
후천으로 받은 성무가 생의 도구이며
무기인 나의 복무는 종교지역이다

생사, 한편은 살리는 것이고
한편은 무지하게 해악한 오존 같은
두 경계 파묻혀 사는 것이 업이다
오염지대
어두운 비가 쏟아지고
구멍 난 하늘로 별이 빠진다
지상 오르지 못하는 혼들
입에 매달린 풍선처럼 못된 사랑만
나 또한 터질 테니까

가을을 배웅하며

한소끔 불 지피고 난
뜸 들은 냄새가 자꾸 생각이 난다

뜻깊은 순간 맞아들이자

단풍 한 장 따 차 한 잔 우리고
시들어가는 산국 한 송이
머리에 꽂아주는
어리숙한 성애에 눈 뜨련다

무 한 소쿠리 묻은
무덤 나란히 쳐다보며
붉은 쑥 이파리 따다
창호지에 붙이고
쑥전 지지는 저녁, 군불 깊어지는
부뚜막

꽃들의 환국

작별하는 시간이다

이제 우리 차근차근 보내드리자

어느 은행나무의 죽음

이단처럼 누렇게 뿌리고 서 있는 한
태생이 그런 걸 어쩌랴

한 번이라도 게으름 핀 적도
성사 버릴 생각도 배반한 적도
원망도 시비도 다 땅에 묻고 살아온
지독한 죽음이 선고되었다

이놈들아
아픈 열매 입에 넣고 싶다
역사란 것도 도려낼 수 있구나
아귀처럼 톱날은 가을을 썰어 먹는다

다시는
다시는

외통수로
숨베자락 거머쥐고 둘러 쳐낸 그늘

맥없이 성당나무가 죽었다

보아라
파르르 하현달 떠오르는 수암산에
역사 하나를 묻었다

국화

담장에 서리 치며 서 있는 노국
그 앞에서 사진 찍었다

겨울도 따뜻한 구석이 있다
가족사진 볼 때마다 솟아오르는
국화는 뜨겁다

제2부

밥

쌀 씻어 전기밥솥에 부어놓고
사흘 밤낮 지둘러도
밥 냄새는커녕
차라리 죽을래
입원한 어머니 기다리다
부아가 끓어 넘쳤다
귀퉁이 한쪽 날아간 사발
아랫목 처박힌 밥상 적막하다

너울 동생

형은 내게 물려주었다
엄마의 젖꼭지와 잠자는 방식, 칭얼거림을
돌려 안아 재우면
꿈꾸다 우는 것도 물려주었다

나는 물려줄 수 없는 끝물로 태어났다

내가 물려받은 것은
사람이 될 수 있는 기본 동작들
어쩌다 까마득한 기억 더듬으며
세상이 가당치도 않을 때
부르르 떨게 한 것이다

사람의 젖 물고 사람 받았고
우는 것이 솔직한 고루한 방식을 받았다

우리는
밀물에 잠기다 썰물에 뜨는 섬 새끼

둥그렇게 성영(星影) 읊으며 사는
너울 형제가 되었다

지금도 진보된 것은 없다
나는 천륜의 진화를 꿈꾸지 않는 아우다

시집살이

아카시아가 미국이거나 혹은 인도
동부아프리카가 고향이라는 것을
굳이 묻지 않아도
콩깍지 속에 알갱이 가지런히 키우는 것은
우리 동네에서도 잘하고 있는 일이다
보티산이 시집와 애 하나 낳고
나이 많은 서방 꿀단지 노릇 한 지도
다섯 해나 지났다
도시 딴맘 먹지 말고 살기만을
아가야 홀려대는 구상 댁에게 딸년 꼭 끌어안고
중천에 해 뜰 때까지 자고 일어나지만
이젠 제법 말문도 커져 버럭대는 것 보면
단단한 가시로 무장한 꽃피는 각시가 됐다
꽃들이 앞뒤 가릴 것 없이
한꺼번에 달려드는 통에도
아카시아가 잘 폈다
보티산은 이제 꽃으로 엮어가는 종부 살이 여자다
구상 댁에게는 안심이자

눈에 흙이 들어가도
다리 뻗고 누울 수 있을 것 같은 면목 섰기에
여자의 자존심 삭히고 있다
올해 같으면 벌치기가 괜찮을 성싶다고
간만에 웃어 보이는 설악양봉원
벌들이 더 사나워졌지만
시집살이 게워내는 보티산의 향내가
집구석에 한참 떨어지고 있는 판이다

마 선장

재 되어 돌아온 사내, 그는 바다였다
한때씩 뒤집는
배냇병 싸 들고 39년 살았다

청바지공장 시다에서 다시 바다로
서울 종묘 시내버스 기사에서
통발 싣고 유리섬 선장으로
갈매기, 숭어, 소라, 문어, 낙지, 돌게, 장어, 미역
거친 물결 곁으로 돌아왔다

황촌리 유리 바다
물살 비벼 만들어낸 바람사리가
반짝인다

보시오
산 높이서 오는 게 아녀라
저 수평 끝에서 뜨는 것이지

그가 두고 간 어족 시

서른아홉 끝이 여기서 얼마나 되는지
그의 눈에 넘실거리던 사리 때
노을 뜨고
보름 떠서
하얗게 통곡하던 지나친 바람이 떠나
이마에 대고 불어줄
내 날은

아직도 가늠 못하는 바다 어디쯤
뜬눈으로 있을 테니

비상

알에서 깨는 것만이 날 수 있다

알 품을 때는
끝 알 낳고부터 품는다 했다
첫 알이라고
첫 번째 새가 되는 것도 아니고
끝 알이라고
마지막 새가 되는 것도 아니다

배고픈 창공에
영그는 빈 뼈

알에서 깨는 새만이 날 수 있다

길달리기새

방울뱀 머리
단번에 찍어 패대기치는 새가 있다

길달리기새는 시속이 최대 24km다
코요테만큼은 못해도
탁란 거부하는 무시무시한 뻐꾹새

직접 둥지 틀고 새끼 위해
싸워야 한다

한 번의 독이면 끝장나는 전쟁터
날카로운 자갈에 방울뱀을 내리꽂는다

애먼 새 울리지 않는
독보다 강한 전략이
저 남미에 있다

몽돌에 새기다

금빛 고추
사백 포기나 심는다니 많은 거 아녀요
심심하니 그냥 허는 겨
사위 환갑날 천릿길 내려온 당신과
금장 바닷가에 서서
오랜만에 손잡아 봅니다
미역 쳐내는 바다
소나무 밑동같이 불거진 손
조용히 품고 계셨지요
여기는 절이도
목장성 군마 달리던 계곡과
적대봉 산록에 묻힌 이름들 보세요
진막금, 전막금, 욱금, 청석금, 고락금
금맥 흘러내린 땅
거금도로 다시 모실 수 있을지
국도 27호선 시점에서
다시 시작할 수 있을지
얼마나 문드러져야 신록의 길 열고

청량한 소리 굴리며 사는 해변으로 남는지
차마 절개한 섬처럼 불리지 못하여도
금빛 물드는 밭에 하얗게 꽃 오르면
몽돌도 피고
정정한 말들의 허리뼈
갈기 세우고 북상하는 금산 있었음을
빈손 천릿길 부끄러워
동그란 돌 하나
가방에 넣어두었습니다

계통문

작달만 한 것이 눈만 반짝거리던 난
노루 새끼처럼 날래게 심부름 하나는 잘했다

아버지는 잔나비띠 무신생이다
당암리, 원청리, 신온리 삼동 동갑네들
계통문(契通文) 집에 들어오면
아버지 이름 석 자
동그라미 까맣게 칠하고 계통문 들고 난 달렸다
밭두렁 논두렁 산길 어디든 달려
아버지를 시원하게 배달했다

그때는 몰랐다
창호지에 무엇을 적시하였는지
어느 초상에 삼베 값이 얼마나 되었는지
곗날 다가오는 대로
밤늦도록 입씨름하며 다투다
눈물 조용히 흘리며 이불 적시던 어머니
오줌 지려놓은 이불 홑청 뜯으며

묵묵히 달래주시던 창호지 냄새를 난 몰랐다

환갑 지나 동갑내기 하나둘 떠나시고
계통문도 가버렸다
계 중에 상포계가 제일 힘들었다던
아버지의 눈물 어린 창호지
통문에 밴 지린내
솔바람 냄새 숨어 들은 들꽃 향내는 어디
어디에 있는 것이냐

통문 다시 읽을 수 있다면
동학을 버려라 수운 최제우처럼 아버지도
버려라 버려버려라 타이르실는지

떡살

배꼽 떨어진 녀석 대야에 동동 떴다
출항 결심한 듯
발동 건 배 연신 버둥거린다
너는 어디로 힘차게 갈 것인가
물 건너 또 너는 어디로 갈 것인가
꽃 떨어진 참외 같은 놈
폭양에도 엎드려 누렇게 익어
대사 치는 날
떡과 과일 중에 빠진다 생각 말아라
절편에 박힌 박카스 주둥이
'배꼽떡'이라 부르던 이름
한쪽 베어 물고 우린 얼마나 춤추며
달렸는지 아느냐
덤덤한 문양
네 배꼽 닮은 가난한 문양
너는 곧 꽃을 불러들일 것이다
눈꺼풀 걷어 빛나는 눈동자처럼
네 배에 국화가 피어날 것이다

우주의 기운 가득 담아
네 배꼽은 떡살이 될 것이다
국화, 모란, 도라지, 배꽃, 무궁화
얼마나 눈물겨운 이름들이냐
행복하게 배가 웃는다
방실방실 너는 대야에서 좋아 죽는다

동면하는 돌

색동옷 입은 강아지
방정맞게 깔깔거리며 뒤쫓아
뛰어간다

하얗게 자란 버섯
약이라 믿고 도려 갔다

첫눈 내리고 얼기 시작한 길
얼음 위에 돌이 앉아 있다

돌 깨어나는 날
새길 파랗게 열어줄 것이다

길

길 소리 듣고 싶다

뽀득뽀득 하얀 길 걷고 싶다

찰박찰박
빗방울 차며 먼 길 걷고 싶다

갈 수 있겠다

들을 수 있다면
갈 수 있겠다

저
흔적 없는 길

바람들이 성에를 키우고 있다

방울 찬 감나무

하마터면 감나무가 토막 날 뻔했다
감밭 사람
늙은 감나무 뭐 하러 키우느냐고
지나갈 때마다 간섭하기에
시계꽃으로 덮어놓았다
시계꽃나문지 감나문지
시계꽃 걷어낸
붉은 감 통째 동네 새들 불러들여
겨울 잔치 푸지게 해놓고
꽃 중독 걸리게 피었다
올해는 허리춤 우듬지까지
파랗게 방울 달고 출렁거리고 있는
위대한 힘에 눌리고 있다
중력 거부하고 있는 늙은 고수에게
고양이가 오른다
적수를 피했다
7월의 태양과 별이 내린다
거뜬하다

바람이 물어다 지은 비닐 둥지에서
살강살강 성성자(惺惺子)* 소리 들린다
장마 몰아내고
언제 한걸음 하셨는지
남명 선생이 일침 꽂고 앉아
호령하는 아침 중복을 넘기고 있다

---

*성성자(惺惺子): 남명 조식 선생이 스스로 항상 깨어있는 마음을 지니도록 경계하기 위해 옷깃에 달고 다녔다는 방울.

개짐

아내는 개짐 이별하느라 꼬박
삼 년 몸부림쳐야 했다
차곡차곡 서랍 열고 개어 넣은 생리통
석류꽃 세 바지게쯤 먹고 겨우
갈앉혔다

차갑게 몰아쳐 오고
뜨겁게 터져 나오는 마수의 날들
붉은 부적 그리던
아내는 이제 곱게 단풍 물들였다

개짐*보다 저 진도 말로 갸짐이 좋아
호주머니란 말보다 더 좋은
갸짐에 단풍 쑤셔 넣고
달구지 끌며 뱀골재 넘어가는
나는 부사리

버선목 닮은 땅 남양

아무 데나 퍼붓고
낄—낄
각시야 우리
도깨비랑 한바탕 허벌나게 놀아보자

---

*개짐: 여자가 월경 때 샅에 차던 헝겊.

어떤 약속

아내는 여수비행장 근처에 가면
나도 가고 싶다는 말 숨기지 않는다
우리 사는 집 선회하다
솟구치는 비행기 볼 때마다
나도 비행기 타고 싶다며 빌고 있다

나는 경전선 건널목
여섯 곳이나 가로지르고 나서
떠나고 싶다고 말했다
내 생각은 땅강아지 같고
아내 생각은 북상하는 기러기 같다

봄 길 따라가고 싶은
우리들 얼굴은 한철에 꽃으로 핀다
주름 틈으로 하얗게 이빨 나오고
가지런히 담아둔 사진 속에서
이슬 묻은 새싹이 돋아나온다

울컥울컥 비행기가 날아간다
덜컹덜컹 기차가 달려간다
마음만 실어 보내는 아내와 난
다시 봄 앞세우고 떠났다 다시 섰다

우리는 약속하였다
기러기 떼 비상하는 날
땅강아지 헤집고 나오는 날 중간쯤
그때 가자
봄 되어서 꼭 봄 차리고 가자 하였다

세레나데
— 겨우살이차 마시며

지리산 성삼재 돌아 나오는
연두 기운에 눌려보지 않는다면
봄을 모르는 일이다

사람이 장래희망이라는 시인에게
할 말 잃었다고
이 봄 정녕 그러하지 않겠는가

산 나무에 뿌리내리고
숙주가 죽으면 따라 죽고
사는 날까지 운명 지고 견뎌내는
섭생

깨끗한 별
지리산 별
그대가 따르는 겨우살이 찻잔에
잠들지 않는 밤이 있다

제3부

계족산 바라밀다*

닭살 베어 굽고 삶아 보신이란 이름으로
걸어 나간 여름 누구의 하산인가

빨치산 타고 넘은
서슬한 물소리 휘돌아 부도에 바람 일다

*바라밀다(波羅蜜多): 피안의 세계로 건너간다는 뜻.

객토

추락한 논바닥에서
아침이 왼쪽 어깨로 오고 있다
황토 한 짐 부어놓고
햇살 지고 나오는
늙은 농부의 발에서 시작한 치토(埴土)
추위가 풀리기 시작하였다
산 한 자락 헐어
흙들이기 나간 아배는
땅내 맡고 나온 곰처럼 걷고 있다
연거푸 갈아엎은 꿈결에
어스름 감지 못한
애기동백꽃도 보았고
문수골 땅굴에서 흐느끼고 있는
빨치산의 눈물이
고드름 끝으로 떨어지는 날이면
서걱서걱 얼음 뜬 섬진강
해설피 건너오는 형님아
소리 내 불러보지도 못했다

바람이 떴다
삽날도 부러질 땅이 녹고 있다
황토 한 삽 떠서 재 너머 다랑논에
한 짐 한 짐 놓는다
형님아
옛집 잊어버리지 말고
아무 때든 잘 밟고 찾아오기나 해라

칠불사 아자방

불 한번 지펴 덥히면
한 달 동안이나 불기운 유지하는 구들 아자방(亞字房)
중국 구들 넘보거나
일본 다다미 화롯불
그 앙증맞은 노릇에 비할 수 없이 큰
세 아궁이에 일곱 짐
함께 때던 아자방
지리산 반야봉 떠받치고
청학동으로 넘어가는 산줄기
흘려보내고 있는 동국제일선원에
발걸음 한 번이나 대보았을까
높은 곳 낮은 곳 함께 더운
담공선사의 공간적인 것도 해석 못하고
방 모양새가 아자라 우기고 있는 한심한 일에
무운(無耘)은 소리 지르고 있다
아자고래 복원해야
진짜 아자방 복원하는 것이라 말이다
불 깔고 앉아 참선하던 칠불사

여순민중항쟁 토벌작전 때 소실된
연못에 뜬 연꽃이
어떻게 피었다 지는지 보았을까
신라 음악의 요람처요
나무들 설법으로 엮는 불길의 시간
한 번이라도 눈물 나게 때볼 수 있다면
불 들어가는 아궁이 앞에서
부지깽이 한 마디까지
죄다 태우고 싶은 오월의 하루가 뜨겁다

각시녀

밀물에는 땅 아래로 내려갔다
썰물에는 물껍질 훌훌 벗어놓는 바위를 '녀'라 일렀다
삼면 바다에서 힘차게 뻗어 오른 땅
대왕의 무덤이 있고
사상이 소용돌이치는 살상의 물살이
시방도 흐르고 있다

곰섬 질마섬 아래
각시들 굴 따러 가서 몇이나 죽었는지
아는 이 없지만
여전히 각시녀 굴만 한 굴은 없다
드르니 상근이가 옥분이 만나 살림나고
질마섬으로 굴 따러 가
친구와 노닥거리다 저물녘
옥분이 죽는 것도 모른 각시녀

손가락질 한번 잘못하면 목선에 실려
옥분이 따랐는데

뱃속에 애기 담은 새파란 각시
뱃전 잡고 기어오르는 손모가지
잘렸다는 각시녀

---

*각시녀: 태안군 남면 신온리.

애기섬

서로 붙으면 통일된다는

오동도 동백꽃 건너
애기섬
엄마섬
하냥 어부바, 어부바 울고 있다

포승줄에 묶이고
두 눈 가려진 채
홍안호에 실려 총살당한
국민보도연맹 가입자들
시신마저 일본 해류로 밀어버린
수장 섬

오리 다리도 부러진다는

물길 밖에서
목 놓아 부르는

어린 꽃이 멍들어 피는

애기섬

오늘도 왼쪽에 서서 울고 있다

짐대골에서

두부가 가르쳐주었다
짐대가 솟대라는 조상의 말
눈이 모르는 것 입으로 알게 해줬다
'짐대골손두부' 한 모 썰면서
나도 솟대 하나 치켜들었다
해마다 산중 마을이 돛 세워 싣고 가는 봄
물 위에 뜬 그림자가 더 선명하다는
고소한 맛 세웠다
인근 절에서 본 싸리나무로 만든
'비사리구시'에 놀랬는데
엄청난 가마솥 걸고 죽순 삶아내는
대나무 타는 짐대골*에서
영혼이 끓어 넘치는 송화 바람
난 탈 수 있었다
부지깽이나물 꽃눈 감추고
솟아오르는 대나무밭
아득한 소리 디디며 한나절 걸었다
세월 기록하지 않는 대나무 곁을

---

* 짐대골: 순천시 용수동 행주형(行舟形) 마을.

고택

대추산 아래 사백 년 된 고택이다
가랑비 피해 들어섰다
아늑하고 높고 넓다
그늘 한 자락
바람 한 평 얻어간 사람들
그들 자리가 비었다, 텅 비었다
다시 고택은 그렇게 사백 년
누가 차가운 바람 몰고 있다
소환하고 싶은 이름들
아버지, 아버지의 아버지,
아버지의 또 아버지
더 이상 다른 이름은 모르겠다
고작 삼대로 무너지는 가족사
부슬부슬 껴입는다
푸조나무* 당산목 지층에
가랑비 쌓인다
어디나 그늘, 부랑하기에 딱 좋다

---

*푸조나무: 순천시 대룡동의 수령 400년 보호수.

녹턴

—배숙(裵璹)을 기리며

자기 살 곳 알고 들어가 사는 사람은
영특한 사람이다 나는 둔하여
내 사는 곳이 강남이란 것을 뒤늦게 알았다
산과 강, 바다가 미인이고
걸출한 인물이 닦은 삼산이수 순천
스며드는 향 있어 나도
구부러진 한 그루에 자리 잡고 있다

평판 자자한 곧은 문장의 진사 배숙
요승 보우를 참하라
당당히 상소하지 않았던가
한강 양지에서 온 유림의 양심이었다

정령(精靈) 울어대는 봄
바람 더 힘 있게 불어 매화는 피었다
배숙, 정소, 허엄, 정사익
강남사은 당신들은 오늘
궁항 바닷가에 나가

달래무침에 숭어회와 노을 타는 노래
몇 수 나누셨습니까

은둔의 저녁 파티
마지막 시 누가 차운하시겠습니까
저녁 먹을 시간이야
소나무 둘러친 오두막에 불러들이는
청량한 당신의 목소리
송암(松庵)아
내 아들, 솔낭구야

고을마다 디 저녁이 모여드는 일인 걸
가물가물한 날이여

손모의 추억

새참 나절
아리아리한 손가락으로 김치 찢어
탑탑한 막걸리 한 사발
고수레 얹혀놓은 논두렁
송아지 젖 빠는 소리
맛있게 들리고
못줄 앞에서 시작한
뒷걸음질 쇠똥구리 닮았다

모쟁이가 던지는 못단 끌러가며
한 배미 밀고 나가야 한다
모가 뜬다
모가 뜬다
지천이 풀풀 날아들자
농(弄) 한 마리가 푸드덕 날아올랐다

한 구멍으로 둘이 들어가는 게
흑산도 홍어 거시기 아녀

그려 걸게 심어라
한 마지기 네 꼴만 나게 심어라

자가품 손가락 물고
여자 깊은 볼딱지 우물에
노을 붉어지는 고라실
못줄 소리 휘영청 감고 넘어갔다

금메

영산도
갯바람 씨글씨글 불어와
흑산도 홍어가 질러대는
소리 돌림이 미치것다

삭임 소리
금메,
콧구멍 뚫어지는 소리
어럴럴 꽃이 팬다

캬—
영산화가 십 리나 피었다

---

*금메는 '글쎄'의 전라도 방언이다.

눈먼 새를 위한 아다지오

부석 애정리 소나무 숲에는
눈먼 새가
산채 붉은 벽돌집에 살지

어머니 불러
솔방울 젖 먹을 거야

산문(山門) 열고
가지 잎 수놓아
동짓달 품에서 잘 거야

잠 깨고 일어나면 봄일 테지

사랑의 직선은 아픈
자근자근 쪼아서 부를 거야

젓샘막걸리

술 익는 섬
낭도(狼島)에 간다

누리호가 터트린
화염 아직 가라앉지 않은 나로도가 지척인
기와집 같은 우미산 곁에 두고

쑥부쟁이, 구절초, 털머위, 산국
오늘만큼은 신선대와
천선대 공룡의 땅에 올라
육지 잊어보자

오호,
절벽에 계신
해국

여우 닮은 섬
섬 꼬리에 꽃불 달아 매

불 지르다 속이 마르고 입술 보타지면
백년 도가
젖샘막걸리 한 잔 걸치고 난 떠나가려네

염치없는 부탁 하나 있소
내 무덤 뚫고 찬물 솟거든
해국에게 꼭 한 동이 길어다 부어주시게나

천자암 쌍향수

비단이 이쁘고
공단이 이쁘다 해도
말같이 이쁜 것 어디 있간디
송광 댁 점잔하게
남편 나무란다

한마디
끓어 오르기까지
두 줄기 눈물
동쪽으로 이사천이 흐르고
서쪽으로 송광천이 흘러간다

이녁
몸통 비우는 법
바람 흐른 말 배우고 서서
인연 하여 살 대고 사는 날까지
죽지는 말자

배흘림 오르는 설법처럼
기대고 살 수 있는
천년 농 걸어가며
네가 나이고 내가 너이면
그보다 큰 생이 어디 있간디

송광산
송광산 태고 부르며
뻐꾹새 눙쳐대는 천자암
서늘히 빛나는 말
푸르게 섰다

배알도

저 섬 엎드려 절하시는구나

먼 길 오신 강
흘러오신 산줄기 끝에서
엎드리셨구나

큰 돌덩이 하나 같은데
시작이고
마침이며
가지런히 옷깃 여미셨구나

살아본 사람도 없고
살아볼 사람도 없는

저 섬 엎드려 섬하시는구나

제4부

미친 사랑

오여짝 한 뼘
바른짝 한 뼘

칡은 칡대로 푸르고
등은 등대로 꽃피는

왼손을 밑으로 내려 꼬면
왼새끼
오른손 밖으로 내려 꼬면
오른새끼

외여 사랑
오여 사랑

여직 널 한 뼘씩 꼬고 있는
미친 사랑

---

*외여, 오여는 '왼'의 충청도 방언이다.

앞치마는 살아 있다

충청남도 예산군 광시면 마사리에는
힘찬 여인이 살고 있다
아침 댓바람 헤치고
봉수산 임존성 올라
입김으로 안개 걷어내는 그녀
푸른 기운이 돋는다
앞치마 두르고 이 산에 오른 여자는
대흥 장사 묘순이와
마사리 여인밖에 없을 것이다
앞치마는 살아 있다
묘순이는 돌을 날랐고
묘순이 바위 앞에서 그녀가
찾아내고 있는 오서산 백월산 가야산
한 줄기 뻗어가는
고향 하늘이 새고 있다
이 산줄기 타고
배신과 항전의 사내들은 갔다
냉이꽃 하늘거리는 성터에서

여인은 앞치마에 담아온
청정한 이슬 꺼내
울음 잣는 닭들에게 물려준다
뜬금없는 아침
나는 외마디 길게 목 놓고 싶어졌다

토성을 지나며

저 장엄한 대동여지도 한 장 펼쳐놓고
내가 태어난 땅 이름과 생김새
찬찬히 들여다보고 있자면
물소리를 밟고 있는
커다란 발 하나가 선뜻 눈에 뛰어든다

태안 백화산이 남으로 흘러내리다
용트림 쳐 겹겹이 쌓은 적돌
내해 천수만을 적돌강이라 불렀다
열린 공간의 땅 최고봉 망재는 74m다
구릉지 사람들 원형 지켜가며
갈돌 패총의 시대부터 살아왔다

개발 피해갈 수 없는 지세
천수만이 막히고, 사구가 사라지고
해수욕장 펜션 모텔들이 들어서며
남면은 또다시
긴 침묵 속으로 숨어들어 가고 있다

양안 사이 두고 쌓은
토성들이 무너지고 사라지는 고향
백제라서 더 절절하다
양잠리, 달산리, 진산리
금북정맥 길목에 선 작은 토성들
이제 출몰하는 적 누가 지켜야 하는가

나부터 처넣을 때인가 보다
토성 아래 물마름꽃 낭자한
방죽은 무릎까지 금세 잡아당길 테다
던지기만 하면 옴싹 못하고 박힐
정신의 빈곤을
나부터 처넣을 때인가 보다

서산 어리굴젓

갯벌 공공사업장에 뿌려놓은 돌
꽃이 얼마나 핀 줄도 모르게 고향 떠나
살아온 지 40년이나 됐다
푸른 바다는 얼마나 재촉했을까
나는 다시 정 없는 돌 한 짐 지고 가
꽃을 붙여야겠다

복사꽃 환하게 봄밤 밝히면 무젓을 먹었다
꽃게 발 깨물며 복사꽃 떨어지고 나면
박속밀국낙지탕을 먹었다
이 간드러진 맛들에서 단연 어리굴젓은
서산이 으뜸이다

전라도 음식 꽃은 홍어요,
말의 꽃은 금메라 하듯
어리굴젓은 내 고향의 음식 꽃이다
파들파들한 물 날개가 살아
시큼하고, 알싸하게

달작하고, 아릿하게
입속을 유영하며 비위 살려내는 꽃이다

복사꽃 그늘 짙어지면
간월도 옹동할매 돌멩이마다 뿌려놓은
꽃 송이송이 종질개가 춤추고
석담, 갯담 꽃이 난다
꽃이 난다
석방 열고 서둘러 달려 나가는 소녀들의
노래가 자욱하게 피어난다

물길 가로막아도, 기름때 덮어도
다시 살아나는 꽃
천수만, 가로림만 꽃
입을 얼얼하게 한다 하였는가
어리고 작은 굴이라 하였는가
현란하게 어른거린다고 하였는가
찰밥 갈아 넣어 굴갓 쓰고 나오는 얼간

흐트러지지 않는 얼

소반에 올라
낙지젓, 소라젓, 새우젓 모두 이름 떨쳐도
이 얼간이 꽃만 한 것이 없다
신화를 깨고 화성에 로켓 쏘아 올린다 해도
대바구니에 씻어 담은 강굴, 이만한 별을
담아오지 못할 것이다

나는 밥상에서 고향을 이전한다
구전으로 물려준 시금시금한 이야기
제 물에 간 쳐 오돌오돌 살아서 씹히는
반상의 멋을,
단지 뚜껑만 봐도
어리가 붉게 발화하는 것, 혼이 깨어나는
고향 상찬을

제주 삼나무

말 잔등에서 한 쌍의 봄이 까르르
터지고 있는 제주
육탈한 삼나무 하얗게 겨울을 보내고 섰다
표선 모래밭 헤치면 묻어둔 조각
서너 개는 거둘 수 있겠지
물 끝까지 뛰어들어 가
검푸른 자락 건져내
삼나무마다 입혀야겠다
죽지 못하고 선 것은 고고함이 아니다
봉분 없이 누가 예를 갖추겠는가
탐라 시민들 가운데
사내들 족집게로 집어내듯
귀신들 날뛰었으니
영등할미 자리젓 냄새 넘쳐나는
무남촌(無男村)
삼나무 뼈다귀에
구멍 난 돌 몇 개 걸어두고 온다

빌레못굴* 바람

깨작깨작 울어대는 까치야 너 아니다
반가운 듯
영혼 없는 울음에 어찌 속을까
취향 기념으로 불러들인 너로
관광이나 하려고 오지 않았다
마선 타고 뭍으로 나간 말들이
풀 뜯던 땅
까마귀 혼령 소리 넘나드는
애월 어음리 빌레못 당도하는 동안
하늘과 섬들을 보았다
신이 내려와 개국한 영지
백두산 아래
세경할미 자청비가 밀어 올린 농지
인적 드문 담길 헤치고 들어와
삼십 리 땅속 바람 앞에
나는 섰다
흑-흑
뜨거운 입김이 흘러나온다

오소리 작전으로 몰살당한 스물아홉
어음리 사람들
뼈 오를 꽃
살 오를 꽃
허파 될 꽃
말 말할 꽃 모두 모아
때죽나무 회초리로 살짝 깨우련만
깨작깨작 나도 영혼 없이 슬픈 것이다

---

*빌레못굴: 천연기념물 342호 용암동굴. 11,749m의 세계 최장 동굴.

**꽃 이름은 세경풀이에서 인용.

야오동 피는 섬달천

봄이 산 채 넘어서 자울거리는
소 같다고 수구터라 부르다
펄펄 뛰는 숭어 떼가 온다고
숭어터로 불렀다

꽃은 너무 가파르게 떠나고
갯벌 조개 눈 무너져 오는 노을
저녁이 설핏설핏 젖어드는
정철의 어린 날

봄 한철 다시 넘기는구나

형님 정소의 안도가 길다
피바람에 숨은 어머니와 형수
꽃으로 달인
분첩 냄새가 울컥 달려 나와
마른하늘이 터지고

난 마파람 한 가지 꺾어서 쓴다

깨끗한 사랑
밀물, 밀물(密勿)에 꾹 눌러 쓴다

---

*밀물(密勿): 임금과의 사이가 가까운 관직을 이르던 말이며, 정치에 관계되는 주요한 일.

일주문에 서서

산을 보면 산 닮은 듯하고
산에 들면 산 품은 듯해도

해진 바랑처럼
두고두고 멜 수 없는 마음

마중하는 이도
배웅하는 이도 없다

마음 하나 스스로에 쫓겨
시오리 눈이 젖을 때까지

가을비 가늘게 엮고 있다

내가 다 시원하다

딱지 떨어진 무릎 새살이 보인다
구부러져 잘 낫지도 않는데
말간 새살 올라
내가 다 시원하다

안대 풀고 깁스 풀고
껍질 벗겨내니 내가 다 시원하다

머리카락 빠져
죽을병인가 했는데
촘촘 머릿결에 내가 다 시원하다

나는 요즘
용하게 살아가는 나무 덕에 산다

사비포교

다리 건너면 곧바로 도살장이 나온다

여수로 나가는 좁은 다리
동천과 해룡천이 나란히 걸어
갯벌로 가는 마지막 지점이다

세곡선 드나들던 곳
천 석 실을 수 있는 초마선 6척 주인
그는 후백제, 고려 건국공신 박영규다
견훤의 사위 돼 낳은 딸, 세 언니
왕건에게 하나 아들 정종에게 둘
시집보내 호족세력 떨친
대군 흔들며 해룡산성 송화가 날린다

다리 건너면 곧바로 비명 소리 들린다

해룡창 뱃길 멈춘 순천만에 떠 있는
너울 넘는 섬 여자도(汝自島)

첩 자식이라 내침 당한 여강
샛여는 운다
아버지 왜 날 버리셨습니까, 왜 나를

마파람 치는 날
사비포교에서 생사의 소리 분간하느라
밥때 놓친 적 있다
죽어가는 것들의 배는 비정이 채우고
산 것들의 배는 잃음의 하나라는 것을

토사 쌓이며 사라진 이름 사비포
눈앞에 서서
나는 기뻐하다가 왜 나는 슬퍼했는가

남해기행

남해에 간 일 있지요
해수욕장 하동 사람이 그곳에 정 붙이고 있어서
몇 번 간 일 있습니다

꽃필 때는 벚꽃 따라
여름엔 해송 그늘 사이로 갔습니다
고달픈 일 생기면
소나무 언덕 위에서 놀다 오고
섬진강휴게소 국수 참 맛났습니다

섬 산에 올라
그토록 멀리 바달 본 것도 남햅니다
수시로 잊힐 것만 갔던 남해
철마다 현몽하며 불렀습니다
오래된 말들이 살아 움직였으니까요

가천(加川)서 한눈에 보았습니다
마고 자리 펼치고

남근석 필봉 삼아 쓴 구운몽
한 자락씩 헹구어 널고 있는
김만중을 만났습니다

묻히거나 슬프게 살아나거나
우리 시원(始原)의 전설
억척스럽게 누빈 다랭이
삿갓배미로 주름치마 걷어붙이고
설흘산 팔랑팔랑 걷고 있는 할마시도 봤습니다

애기똥풀

북한강과 남한강이 머리 맞대고
합수하는 양평에서
애기똥풀이 사월을 어르고 있었습니다
용문산 정수리에 대고 핀 꽃으로
말이 애기똥풀이지
얼마나 기가 세고 독한지
벌레도 범접하지 못한다 하였지요
어디나 초행은
더듬거리기 마련이지만
50년 만에 만난 누나
갈월사 애기똥풀에서
찰랑찰랑 물바람 소리가 났습니다
잠은 더디 오고 꿈은 빠르게 새던
소쩍새 소리에
애기똥풀이 한풀 더 울었음을 알고
수목장 오솔길 따라 걸었습니다
날 꺼내라
날 꺼내라

천년을 벼르다 나온 미륵불이
애기똥풀 몰고 온 아침
나와 날을 꺼내라
칼날과 날것을, 너무 생생했습니다

자벌레

흙에서 촉발한 자여

너와 나는 벌레

아프게 발광하는 이 별에서

한 뼘 한 뼘

발랄하게 헤치며 가보자

해설

서슬 푸른 언어의 힘

오민석(문학평론가·단국대 교수)

1.

건축가 승효상은 건축을 땅에 새겨진 삶의 무늬라는 의미에서 '지문(地紋)'이라 부른다. 글에도 생의 무늬가 새겨진다. 글에 새겨진 삶의 무늬, 그것이 문체이다. 글엔 그것을 사용하는 사람의 다양한 정동(affect)들, 수치, 분노, 후회, 절망, 환희의 흔적들이 각인되어 있다. 세계관에 따라 글에 새겨진 무늬들도 달라진다. 그러므로 문체는 곧 세계관이다. 정홍순의 문체는 마치 서슬 푸른 조선 낫 같다. 그것은 망설임이 없고, 단호하며, 진실을 호령하는 장군의 언어처럼 선이 굵다. 그는 역사의 큰 좌표들을 사방으로 펼쳐놓고 그 큰 틀 안에서 툭툭 튀는 삶의 다양한 무늬들을 잡아낸다. 그의 시들은 많은 디테

일을 응축하고 생략하지만, 현실의 총체적 재현이라는 리얼리즘의 시학을 바탕에 깔고 있다. 그의 언어-손가락은 역사의 큰 흐름을 가리키고, 그의 가슴은 그 안에서 살아 움직이는 사람들의 정념을 담아낸다.

추위가 풀리기 시작하였다
산 한 자락 헐어
흙들이기 나간 아배는
땅내 맡고 나온 곰처럼 걷고 있다
…(중략)…
문수골 땅굴에서 흐느끼고 있는
빨치산의 눈물이
고드름 끝으로 떨어지는 날이면
서걱서걱 얼음 뜬 섬진강
해설피 건너오는 형님아
소리 내 불러보지도 못했다
바람이 떴다
삽날도 부러질 땅이 녹고 있다
황토 한 삽 떠서 재 너머 다랑논에
한 짐 한 짐 놓는다
형님아
옛집 잊어버리지 말고

아무 때든 잘 밟고 찾아오기나 해라

—「객토」 부분

봄이 오는 길목에서 "산 한 자락 헐어" 객토를 하는 "아배"의 모습은 "땅내 맡고 나온 곰처럼" 우직하다. 화자는 이 아련한 봄날의 풍경에서 1948년 10월의 여순민중항쟁을 떠올린다. "문수골 땅굴에서" 흐느끼던 빨치산들에게 승리의 봄은 결코 오지 않았다. 고드름 녹는 초봄에 "서걱서걱 얼음 뜬 섬진강/해설피 건너오는 형님"은 도대체 누구인가. 디테일이 생략된 이 시에서 그는 눈물 속에 죽어간, 역사 속의 빨치산으로 해석될 수도 있다. "객토"하듯 역사에 새로운 봄의 힘을 불어넣으려던 "형님"들은 "삽날도 부러질 땅"이 녹는 봄에 화자의 상상 속에서 다시 살아나 고향으로 돌아오고 있다. 시인은 "황토 한 삽 떠서 재 너머 다랑논에" 내려놓고 "옛집 잊어버리지 말고" 잘 찾아오라며 역사 속의 "형님"을 호명한다. 이 작품은 긴 겨울이 가고 봄을 맞이하며 객토를 하는 농촌의 평화로운 풍경과 역사의 겨울을 뚫고 자기 몸을 던져 역사의 봄을 부르던 빨치산의 서사를 겹쳐놓는다. 시인은 이렇게 '지금, 이곳'의 크로노토프에서 '지금, 이곳'을 있게 한 역사의 거대한 좌표들을 소환해낸다.

세경할미 자청비가 밀어 올린 농지

인적 드문 담길 헤치고 들어와
삼십 리 땅속 바람 앞에
나는 섰다
훅-훅
뜨거운 입김이 흘러나온다
오소리 작전으로 몰살당한 스물아홉
어음리 사람들
뼈 오를 꽃
살 오를 꽃
허파 될 꽃
말 말할 꽃 모두 모아
때죽나무 회초리로 살짝 깨우련만
깨작깨작 나도 영혼 없이 슬픈 것이다

—「빌레못굴 바람」 부분

"자청비"는 제주도의 신화에 나오는 사랑과 농사의 여신이다. 시인의 각주에 따르면 빌레못굴은 천연기념물 342호의 용암동굴로서 11,749m의 세계 최장 동굴이다. 시인은 자청비 신화를 끌어들여 아름답고 평화로운 제주도의 풍경을 먼저 그린 후에, 이 "삼십 리 땅속"에서 벌어졌던 학살 사건을 불러온다. 《뉴제주일보》의 보도(2016년 4월 1일자)에 따르면 제주 4·3 항쟁의 유적지는 무려 596곳에 달한다. 빌레못굴도 이 중의 하나이다. 제주도가 섬이라는 점을 참작하면 사실상 제주도 전역이 4·3 항쟁의 배경인 셈이다. 시인은 아름다운 제주의 땅에 새겨진 뼈아픈 역사의 무늬를 읽어낸다. 앞에 인용한 시와 마찬가지로 학살과 공포를 잊어버린 '지금, 여기'의 크로노토프에서 시인은 왜 자꾸 폭력적 역사-서사를 끄집어내는 것일까. 이것은 무엇보다도 시인의 서정이 역사적 혹은 정치적 상상력에 의해 매개되기 때문이다. 시인이 볼 때 모든 개인은 사회적 개인이다. 시 속의 "나"가 이 극악한 학살의 현장 앞에서 "영혼 없이 슬픈" 이유는 그 모든 개인이 역사의 통로를 벗어날 수 없기 때문이다. 사회·역사적 맥락은 넓은 외곽에서 개인들의 삶을 조건 짓는다. 개인은 보편-역사와 특수-개체가 만나는 접점에서 탄생한다. 이렇게 주체를 개인/사회라는 양날의 교차로 읽어내는 시각이야말로 리얼리즘 미학의 전범(典範)이 아니고 무엇인가.

서로 붙으면 통일된다는

오동도 동백꽃 건너
애기섬
엄마섬
하냥 어부바, 어부바 울고 있다

포승줄에 묶이고
두 눈 가려진 채
홍안호에 실려 총살당한
국민보도연맹 가입자들
시신마저 일본 해류로 밀어버린
수장 섬

—「애기섬」 부분

여수 오동도 동백꽃 너머에 엄마와 애기로 불리는 아름다운 섬들이 있다. 그러나 이 섬들은 서로 갈리어 떨어진 채 울고 있다. 누가 이 섬들을 슬픔으로 물들이나. 엄마섬은 "어부바, 어부바" 하며 애기섬을 애타게 안으려 하지만, 이들의 간격은 절대 좁혀지지 않는다. 이 같은 별리(別離)는 치유되지 않는 역사의 상처를 상징한다. 이곳은 여순민중항쟁의 여파로 국민보도연맹 가입자들이 총살당하고 수장된 곳이다. 역사는 이들에게 큰 상처를 남겼고, 이들의 상처는 아직도 씻기지 않고 있다. 조국에서 총살당한 시신들은 멀리 일본 해류로 떠내려가 버려지며 훼손당했다. 이곳에선 죽음과 이별과 상처의 무늬가 핏빛 동백꽃처럼 붉다. 이 시에서 역사의 희생자들은 모두 엄마의 등판에서 강제로 떠밀려 버려진 "애기"들처럼 애처롭다.

2.

이 시집의 가장 큰 외곽을 에워싸고 있는 것이 역사의 거대한 좌표들이라면, 그것의 내부를 형성하는 중간층은 가족 서사이다. 역사의 바둑판 안에서, 말하자면 역사의 한계 안에서, 사람들은 울고, 시름하고, 절망하고, 사랑하며, 길을 찾는다.

지워지지 않고 기억되는
대부분 아쉽다는 말

다른 방법으로 해결되지 않을까
꽃바람 빗고 있는 매화 가지
유심히 지켜본다

…(중략)…

참담한 아침
숟가락 물고 오열하는 아내가
삶은 쌀 몇 알도 삼키지 못하고
치갑게 울어댄다
허리보다 먼저 휘어지는
이순(耳順)

내 살아온 길에 구역질이 난다
비굴하다
분노하라
부러뜨려라 아내여

부러진 가지 끝에 당도한 꽃
밤이 서서히 내린다
달 밝히고
아내의 눈물 밟는 소리 들린다

—「정월 대보름날」 부분

'지금, 이곳'은 역사적 현재의 단면이다. 제목의 "정월 대보름날"은 풍요의 상징이지만, 이 작품에선 결핍의 삶을 야유하는 배경으로 사용된다. 지나온 삶에 대한 화자의 성찰은 단호하고 혹독하다. 화자는 자신의 "살아온 길"이 "비굴"하였으며, "구역질이 난다"고 단언한다. 그는 아내에게 "분노하라", 그리고 "부러뜨려라"고 주문한다. "숟가락 물고 오열하는 아내"의 모습은 화자에게 "참담한 아침"을 선사한다. 시에서 이 모든 격렬한 자기반성과 눈물과 고통의 구체적 원인은 생략되어 있다. 다만 "숟가락", "삶은 쌀 몇 알" 등의 구절은 이 모든 것이 다름 아닌 생계의 문제와 연관된 것일지도 모른다는 추측을

가능케 한다.

쌀 씻어 전기밥솥에 부어놓고
사흘 밤낮 지둘러도
밥 냄새는커녕
차라리 죽을래
입원한 어머니 기다리다
부아가 끓어 넘쳤다
귀퉁이 한쪽 날아간 사발
아랫목 처박힌 밥상 적막하다

—「밥」 전문

이 작품에서 끓어 넘치는 것은 "밥"이 아니라 "부아"이다. 가난과 질병과 생물학적 나이 앞에 철저하게 무력해질 수밖에 없는 현실은 분노를 유발한다. 사랑하는 이의 가까워진 죽음 앞에서 할 수 있는 것이 하나도 없을 때, 무력한 주체에게 넘치는 것은 분노와 좌절이다. "귀퉁이 한쪽 날아간 사발"과 "아랫목 처박힌 밥상"은 먹고 사는 것의 추레함을 가중한다. 그러나 따지고 보면 생의 모든 것은 결국 이 '먹고 사는 일'의 문제 아닌가. 그리하여 그 추레한 풍경은 "적막"의 언어, 고요한 진실을 화자에게 건넨다. 생물학적 죽음과 극복 불가능한 가난 앞에서 부아나 분노가 설 자리는 없다. 생의 밑바닥에서 적

막한 그림처럼 앉아 있는 가난한 밥상이 진리이고 답이고 현실이다.

계통문(契通文) 집에 들어오면
아버지 이름 석 자
동그라미 까맣게 칠하고 계통문 들고 난 달렸다
밭두렁 논두렁 산길 어디든 달려
아버지를 시원하게 배달했다

그때는 몰랐다
창호지에 무엇을 적시하였는지
어느 초상에 삼베 값이 얼마나 되었는지
곗날 다가오는 대로
밤늦도록 입씨름하며 다투다
눈물 조용히 흘리며 이불 적시던 어머니
오줌 지려놓은 이불 홑청 뜯으며
묵묵히 달래주시던 창호지 냄새를 난 몰랐다

환갑 지나 동갑내기 하나둘 떠나시고
계통문도 가버렸다
계 중에 상포계가 제일 힘들었다던
아버지의 눈물 어린 창호지

통문에 밴 지린내
솔바람 냄새 숨어 들은 들꽃 향내는 어디
어디에 있는 것이냐

통문 다시 읽을 수 있다면
동학을 버려라 수운 최제우처럼 아버지도
버려라 버려버려라 타이르실는지

—「계통문」 부분

민족사가 학살과 공포의 역사라면, 이 시집에서 일관되게 그려진 가족사는 가난의 역사이다. "곗날" 다가올 때마다 "밤늦도록" 다투다 눈물 흘리며 가난한 "이불 홑청"을 뜯던 어머니, "계 중에 상포계가 제일 힘들었다던/아버지의 눈물 어린 창호지"는 가난의 대명사들이다. "계통문"은 가난한 민중들의 삶의 무늬가 "지린내"처럼 밴 사물이다. 계통문이 가난한 계원들 사이를 돌아다닐 때, 죽은 사람이 생겨나고, 없는 돈 긁어모아 내야 할 일이 생겨나고, 누군가가 태어나고, 이름마다 붙어 있는 돈의 액수들이 생겨난다.

3.

정홍순은 민족사와 가족사, 그리고 개인사가 얽히고설킨

객관 현실의 전모를 재현하고 있다는 점에서 분명한 리얼리스트이다. 그에게 세계의 총체성과 분리된 개인, 고립된 자연은 존재하지 않는다. 그에게 모든 부분은 전체의 부분이며, 모든 전체는 부분의 전체이다. 개인사는 가족사와 그리고 가족사는 민족사와 따로 놀지 않는다. 그에게 모든 부분은 다른 부분들에 대한 함수이다. x가 변할 때 y가 변하고, y가 변할 때 x가 변한다. 그에게 모든 부분(x, y)은 다음과 같은 도식으로 존재한다. y=f(x) 혹은 x=f(y). 정홍순은 모든 부분의 함수값을 다른 부분과의 총체적 연관 속에서 계산해낼 줄 안다. 세계의 총체적 그림을 그리면서 정홍순이 감지하는 것은 역사의 냉정함과 매정함이다. 역사가 항상 윤리적 선의 손을 들어주지는 않는다. 짧은 시간의 단위로 봤을 때, 승리는 도덕적 선이 아니라 우월한 힘에게 주어진다. 선이 승리하려면, 오로지 선의 힘이 우월해야 한다. 선한 주체가 차가운 역사-기계 앞에서 무력한 것은 역사가 적어도 짧은 시간 단위에서는 힘의 우열만으로 승패를 가리기 때문이다. 그러므로 역사의 전장에 승자가 선이고, 패자가 악이라는 공식은 없다. 기껏해야 2~3세대를 사는 인간이 볼 때, 역사는 이렇게 인간의 기대를 종종 벗어나거나 심하게 해친다. 발전하는 역사는 인간이 자신의 수명을 넘어 멀고도 깊은 세월을 통찰할 때야 비로소 보인다. 인간들은 눈앞의 패배에도 불구하고 오로지 그 먼 시간의 층위에서 '선한 싸움'을 지속할 수 있다.

색동옷 입은 강아지
방정맞게 깔깔거리며 뒤좇아
뛰어간다

하얗게 자란 버섯
약이라 믿고 도려 갔다

첫눈 내리고 얼기 시작한 길
얼음 위에 돌이 앉아 있다

돌 깨어나는 날
새길 파랗게 열어줄 것이다

—「동면하는 돌」 전문

이 작품에는 시인이 하삶과 가난의 커뮤니티를 견디는 방법 혹은 정서가 잘 나타나 있다. 이 시에는 두 가지 길의 대칭이 존재한다. 한 길은 "색동옷 입은 강아지"가 "방정맞게 깔깔거리며" 주인을 좇아가는 길이다. 그것은 단순하고 유쾌한 평화의 길이다. 우리는 모두 그런 길을 원한다. 이 길과 대척점에 있는 길은 얼어 있는 길, "얼음 위에 돌이 앉아" 있는 길이다. 이름하여 '동토(凍土)'에서 무엇을 할 것인가. 얼어붙은 땅

엔 길이 없다. 그 위에서 할 일은 오로지 그 길 없음의 상태를 견디는 것이다. 정홍순이 직면한 길은 후자의 길이다. 그러나 그는 이 길을 회피하지 않는다. 그는 상투를 단단히 잡아맨 동학군처럼 이 얼음길을 견딘다. 그는 얼음의 현실 속에서 잠든 돌이 "깨어나는 날"이 올 것을 믿는다. 동면하는 돌이 깨어나 "새길 파랗게 열어줄 것"을 믿는 자만이 냉혹한 역사의 겨울을 통과할 수 있다.

길 소리 듣고 싶다

뽀득뽀득 하얀 길 걷고 싶다

찰박찰박
빗방울 차며 먼 길 걷고 싶다

갈 수 있겠다

들을 수 있다면
갈 수 있겠다

저
흔적 없는 길

바람들이 성에를 키우고 있다

—「길」 전문

이 작품을 읽으면 긴 칼을 찬 조선의 무사(武士)가 서릿발 쾅쾅 오르는 길을 당당하게 걸어가는 모습이 떠오른다. 시인은 조심스레 말한다. "갈 수 있겠다"고. 아무도 간 "흔적 없는 길"일지라도 "들을 수 있다면" 갈 수 있겠다고 고백한다. 그 보이지도, 흔적도 없는 길에서 "바람들이 성에를 키우고 있다". 시인은 얼음의 길을 마다하지 않는다. 시인의 언어는 이렇게 냉혹한 역사의 성에를 가르며 희망의 흔적을 만들어내는 칼과 같다. 이 시집은 학살의 역사와 가난의 가족사를 뚫고 자기 안의 잠든 목소리를 깨우며 푸르른 미래로 나아가는 고난의 서사들을 보여준다.

시인동네 시인선 207

국화는 뜨겁다

초판 1쇄 인쇄 2023년 6월 16일
초판 1쇄 발행 2023년 6월 23일
지은이 정홍순
펴낸이 김석봉
디자인 헤이존
펴낸곳 문학의전당
출판등록 제448-251002012000043호
주소 충북 단양군 적성면 도곡파랑로 178
전화 043-421-1977
전자우편 sbpoem@naver.com

ISBN 979-11-5896-597-6 03810

*이 시집은 2023년 순천문화재단 창작예술지원기금을 지원받아 제작되었습니다.